Este libro ser de

Voy a tener gemelos. Por Paris Moris.

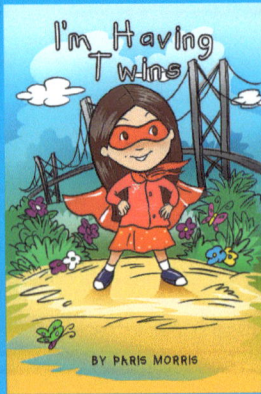

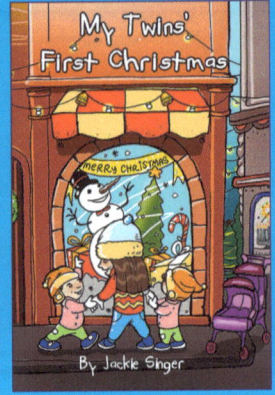

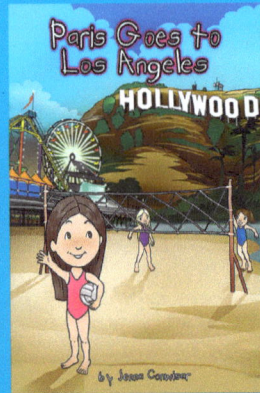

I'm Having Twins — BY PARIS MORRIS

My Twins are Coming Home — by Paris Morris

My Twins First Birthday — By Paris Morris

My Twins' First Christmas — By Jackie Singer

Paris Goes to San Francisco — by Paris Morris

Paris Goes to Los Angeles — by Jesse Comstor

Paris Goes To Lake Tahoe — by Paris Morris

PARIS GOES TO SCHOOL — by Paris Morris

Publicado por:

New Year Publishing, LLC 144 Diablo Ranch Ct. Danville, CA 94506 USA

orders@newyearpublishing.com http://www.newyearpublishing.com

Número de control de la Biblioteca del Congreso: 2007930313 ISBN: 978-1-61431-055-6

New Year PUBLISHING

Mi nombre es Paris.
Tengo tres años y
vivo cerca de San
Francisco, California
con mi mamá y mi papá.

Algunas mañanas voy a preescolar. Otros días mamá y yo jugamos con nuestros amigos. En los días lluviosos mamá y yo habitualmente cocinamos.

Voy a ser una hermana mayor.
Mi mamá tiene dos bebés dentro de su tripa.

Hoy es el 4 de julio. Por la noche los tres vimos los fuegos artificiales y me acurruqué en el regazo de mamá.

A veces me quedo a dormir en casa de los abuelos. Tienen un gran jardín, que me gusta.

No estoy muy segura de esto. ¿Tendré que compatación con ellos? ¿Mis juguetes??

Papá y yo vamos a sitios divertidos los fines de semana para que mamá pueda descansar. Hoy hemos ido al zoo. Lo que más me ha gustado han sido las jirafas.

Aparentemente esta cosa de los bebés se llama gemelos. He estado pensando en nombres para mis gemelos. ¿Cinderella? ¿Elmo??

Dos de las amigas de mamá nos hicieron una fiesta llamada Baby Shower. Tengo libros sobre ser la hermana mayor y sobre las muñecas gemelas. Hubo un pastel realmente delicioso allí.

Es Halloween, mi fiesta
favorita. Papá me ayudó
a ponerme mi disfraz de
dragón y me llevó a hacer
truco o trato. Conseguí
montones de caramelos.

Descanso en la cama. Así es como se dice cuando mamá se queda en la cama todo el día. Nuestros amigos vienen todos los días y nos traen comida. Hacemos muchos rompecabezas y leemos juntas en su cama.

A veces siento a MIS gemelos moverse dentro de la tripa de mi mamá. ¿Qué están haciendo allí todo aplastados juntos??

Spitzer

Hoy papá y yo hemos ido a probar diferentes tipos de coches. Mamá quiere un SUV pero papá y yo no estamos tan seguros de ello.

No salimos tanto como solíamos hacerlo antes.
Ahora hacemos mucho la noche de cine en
familia, con palomitas.

Hoy he recibido una cama de chica grande y sábanas nuevas. Mi habitación es lavanda, mi color favorito. Creo que me va a gustar ser la hermana mayor.

¡El gran día ha llegado. Me han dejado en casa del abuelo y de la abuela de camino al hospital y pronto conoceremos a MIS gemelos. Voy a ser la mejor hermana mayor que existe.

www.ingramcontent.com/pod-product-compliance
Lightning Source LLC
Chambersburg PA
CBHW040032050426
42453CB00002B/96